문학과지성 시인선 III

열애 일기

한승원

1995

自 序

  30대 초반, 객기가 철철 넘치던 그 광주 시절, 동후하고 함께 술에 개차반이 된 채 이런 허튼소리를 시인 몇 사람한테 뱉은 적이 있었다. "발가락에 볼펜을 찔러가지고 갈겨써도 당신들의 시보다 더 좋은 시를 쓸 수 있이요." 아아, 그 얼마나 오만방자한 소리였던가. 그때 그 시인들은 왜 우리를 몰매 때리지 않고 껄껄거리기만 했었을까. 이 책 내면서 그쪽을 향해 엎드려 사죄한다. 그때 맞지 않은 몰매를 세상의 모든 시 아끼고 사랑하는 사람들에게서 맞을 생각이다.

4324년 9월 15일
韓 勝 源

열애 일기

차 례

▨ 自 序

I

시계 — 열애 일기 1/11
새 — 열애 일기 2/12
나 죽으면 — 열애 일기 3/14
준비 — 열애 일기 4/15
아침 고기잡이배 — 열애 일기 5/16
미망의 밤 — 열애 일기 6/17
오직 당신만을 위하여 — 열애 일기 7/18
나이 — 열애 일기 8/19
기다림 — 열애 일기 9/20
도둑 사랑 — 열애 일기 10/21
슬픈 모순 — 열애 일기 11/22
당신 품에서 — 열애 일기 12/23
바다에 간다 — 열애 일기 13/24
위대한 공범 — 열애 일기 14/25
연꽃 — 열애 일기 15/26
밤하늘 — 열애 일기 16/27
적모란 — 열애 일기 17/28
옥잠화 — 열애 일기 18/29
바다 — 열애 일기 19/30
금잔디 — 열애 일기 20/31
죽음 같은 슬픔 — 열애 일기 21/32

배반을 모르는 천녀들은 하늘에 살지 않고
— 열애 일기 22/33
백양숲 — 열애 일기 23/34
사랑아 게으름이 울안에 들면 — 열애 일기 24/35
죽어감을 앓은 슬픔입니다 — 열애 일기 25/36
눈물 한 방울을 마시고 싶어하는 것은
— 열애 일기 26/37
사랑한다는 것은 — 열애 일기 27/38
당신을 알고 나서 깨달았습니다 — 열애 일기 28/39
섬진강의 어떤 은어잡이들은 — 열애 일기 29/41

Ⅱ

그리운 연꽃 등불 하나 — 戀歌 1/45
젖빛 유리창에 드리워진 숲 그림자 — 戀歌 2/46
심란한 한낮 — 戀歌 3/47
밥을 굶고 출근하는 내 버스 정류장에서 — 戀歌 4/48
사랑한다는 것은 — 戀歌 5/49
출근길에 — 戀歌 6/50
간밤의 꿈에 — 戀歌 7/51
포구에서 — 戀歌 8/52
낙화암에서 — 戀歌 9/53
곰나루에서 — 戀歌 10/54
사랑 만다라 — 戀歌 11/55
네 목에 한 알 염주로 — 戀歌 12/56
아카시아 속잎을 스쳐온 바람에서 — 戀歌 13/57
흰 깃털구름으로 — 戀歌 14/58
당신을 생각하며 밤잠을 설친 이튿날 — 戀歌 15/59

너는 산에 있고—戀歌 16/60
지나가는 구름의 그림자에서—戀歌 17/61
다시 사랑 만다라—戀歌 18/62
우리 함께 먹구름으로 떠돌다가—戀歌 19/63
당신을 생각하면서—戀歌 20/64
밤마다 기다립니다—戀歌 21/65

Ⅲ
너 이 새끼 위조 지폐 좀 작작 그려라/69
한밤중에 화장실에서/70
가시복/71
개망초 꽃밭/72
녹차 한잔 1/73
녹차 한잔 2/74
세상은 가끔씩/75
우리들의 사랑 우리들의 모든 것/77
물보라/79
김준태/80
한 아버지를 위하여/81

Ⅳ
갯바위 틈에 사는 실거미의 눈/85
저녁 고기잡이배/86
목 련/87
이 여름에는/88
길 1/89
길 2/90

그러나 세상은/91
들꽃에는/92
꽃/93
몸을 던져 아우성치고 출렁이고 싶은/94
별 총총한 밤이면 숲은/95
사　람/96

Ⅴ
피리 구멍/101
산정에 올라 도회를 본다/102
지빠귀/103
치과의사 박성만에게/104
풀잎 나뭇잎의 수와 고기와 별들의 수/105
한 마리나 아흔아홉 마리나 그것이 그것/106
그래 이 새끼야 취해라/107

Ⅵ
진달래/111
싹/112
달팽이의 노래/113
헐거운 내 옷이 나를 안고/114
순이의 새끼발가락에 까치눈 뜨면/116
꽃망울/117
개나리/118

▨ 해설 · 삶과 에로스, 또 죽음 · 김주연/119

I

시 계
―― 열애 일기 1

우리 다음 생에는 시계가 되자
너는 발 빠른 분침으로
나는 발 느린 시침으로
한 시간마다 뜨겁게 만나자
순간을 사랑하는 숨결로 영원을 직조해내는
우리 다음 생에는 시계가 되자
먼지알 같은 들꽃들의 사랑을 모르고 어찌
하늘과 땅의 뜻을 그 영원에 수놓을 수 있으랴

그리고 우리
한 천년의 강물이 흘러간 뒤에
열두 점 머리 한가운데서
너와 나 얼싸안고 숨을 멈추어버린
그 시계
다음 생에는 우리
이 세상 한복판에서 너의
영원을 함께 부둥켜안은 미라가 되자
박새들의 아프고 슬픈 사랑을 모르고
어찌 하늘과 땅의 뜻을 그 영원에 수놓을 수 있으랴.

새
── 열애 일기 2

창공을 움켜쥔 적이 있다
창공도 별것이 아니다
내 손아귀 속에서 펄럭펄럭 가슴 두근거리고 있었다
처마 구멍에 그물을 받치고 잡아낸 참새 한 마리

그 참새와 한구멍에 있다가 푸르르
어둠을 가르고 날아간 다른 참새는
어느 창공을 헤매고 있을까
그때 실수로 날려보낸 참새의
발목에 묶어놓은 내 가슴속의 명주실 꾸리는 계속 풀렸고
어른이 되었다

나는 지금 내 손아귀 속에서 가슴 두근거리던
그 참새같이 어느 누군가의 거대한 손아귀에
잡혀 있다 그는 나를 놓아주지 않는다
서울에서 부산으로
부산에서 제주로
제주에서 광주로
광주에서 서울로

날고 또 날아보아도 나는
내내 붙잡혀 있는 참새 한 마리일 뿐.

나 죽으면
―― 열애 일기 3

나 죽으면 그 바다의 파도가 되겠다
물보라로 산화되었다가
멀고 먼 바다 저편에서 불끈 일어나
이편 모래톱을 핥고 빠는 마녀의 혀 같은 파도
유마힐*같이 누워 있는 당신 앞에서
나는 파도같이 늘 치맛말을 푼다.

* 유마힐: 維摩詰― '깨끗한 이름'이란 뜻. 못 입고 못 먹고 못살고 박해받는 사람들이 있는데 어찌 보살이 앓지 않을 수 있느냐고 한 사람. 不二法에 대하여 가장 잘 설했다.

준 비
──열애 일기 4

산 단풍의 색깔은 조금씩 진해지는 것이 아니고
어느 하룻밤의 찬서리와 함께 갑자기 새빨개지고 샛노랗게 된다고 산에 사는 젊은 비구니 스님이 그랬습니다

낙엽은 한 잎 두 잎씩 지는 게 아니고
어느 소슬한 바람 한 자락에 담벽 무너지듯 와르르 쏟아지는 것이 대부분이라고
산에 사는 늙은 스님이 그랬습니다

나는 날마다 준비합니다
사랑하는 당신께 가노라는 말도 못 하고 어느 하룻밤 사이에 단풍처럼 진해졌다가 담벽 무너지듯 떨어져갈 그 준비.

아침 고기잡이배
──열애 일기 5

어느 물목에서인가
사랑에 들뜬 채
시간을 놓치고 표류하던
우리들의 영혼이
아침 밀물 타고 중중 밀려든다
밤새워 태초의 이야기를 허공에 뿌린
바다의 비늘 모서리 속으로 발기한 듯
꼿꼿이 고개 쳐들고 우리는
어란같이 수없이 많은 우리들의 아기를
세상의 굽이굽이에 낳기 위하여 돌진한다
 이날 우리는 가슴 두근대면서 등 푸른 사랑 상자를 하역하고
 다시 어느 아득하게 휘도는 물너울을 따라
 우리들의 표박하는 스스로를 향해 그물을 던지러 떠날 것이다.

미망의 밤
──열애 일기 6

당신과 낯선 물목을 돌아
별밤을 항해하는 꿈을 꾸었다

선재동자*처럼
바랑 하나 짊어지고
참삶의 길 찾아나선
당신을 내 배 안에 가두어놓고

달걀부침과 초콜릿으로 홀리고
저 건너 언덕에 열려 있는**
복사꽃밭 세상에 대한 이야기를 밤을 새워 했다

불야성처럼 불을 밝힌 채 항구는 수런대고 은밀하게
배들은 떠날 준비를 하는
나의 칙칙한 미망의 밤이여.

* 선재동자(善財童子): 『화엄경』에 나오는 구도자. 참삶의 길 (선지식)을 두루 찾아다닌다.
** 피안, 바라밀다, 열반(깨달음)의 저 언덕.

오직 당신만을 위하여
―― 열애 일기 7

나는 낚시질을 하지 않는다
고기 낚아올릴 그 시간이면
당신의 마음 한 자락이라도 낚아올릴 생각에서

나는 등산을 하지 않는다
산에 오를 그 시간이면
당신의 끝 닿을 길 없는 산정을 향해 한걸음이라도 더 올라가볼 생각에서

나는 삼봉도 고스톱도 트럼프도 당구도 골프도 하지 않는다
그 놀이의 즐거움으로 말미암아 오직 당신과의 즐거움에 빠질 수 있는 마음이 한치라도 닳을까 두려워서.

나 이
── 열애 일기 8

마당에 핀 민들레꽃과 제비꽃을 헤아립니다
질경이풀들의 먼지알 같은 꽃들을 헤아립니다
모란꽃 망울들도 헤아립니다
감꽃 송이들을 헤아리고 대추와 밤송이들을 헤아립니다
당신과 내 몸통을 자르고
당신의 나이테와 내 나이테를 헤아리고
나의 나이테에서 당신의 나이테를 **빼봅니다**
당신의 영원에
미치지 못하는 나의 순간을 슬퍼하면서 별들을 헤아립니다
빛 속으로 사라져가는 당신과*
어둠 속으로 묻혀가는
어찌할 수 없는 길 다른 운명을 지금 나는 시로 씁니다
새벽 산에 올라 당신 있는 하늘을 향해
피 토하며 당신 혼령을 부릅니다.

* 김광섭, 「저녁에」.

기다림
──열애 일기 9

이 세상에서 기다리지 않는 것들은 없다

겨울 나목이 봄을 기다리고
줄에 매달려 우는 염소가 주인을 기다리듯

나는 나를 해방시켜주러 올 당신을 기다린다

제 구멍 속에서 별밤의 게와 낙지가 밀물을 기다리고
중생들이 미륵 세상을 기다리듯

나는 새물내 풍기며 입을 맞추러 오는 당신을 기다린다
영원을 항해할 주인인 당신을 기다린다.

도둑 사랑
―― 열애 일기 10

당신은 나를 훔치고 나는
당신을 훔친다

나는 당신의 바랑 안에 담겨 떠돌고
당신은 내 가슴 안에서 잠들곤 한다

당신은 내가 뿜은 숨결을 숨쉬고
나는 당신의 체취 속에서 꿈꾼다

당신은 나를 실 끝에 달아 휘돌리고
나는 어지럽게 당신 주변을 맴도는
우리는 훔치는 당신과 훔침을 당하는 나와 하늘과 땅
만 아는 위대한 큰 도둑.

슬픈 모순
──열애 일기 11

예수의 십자가를 향한 채
당신의 반개한 눈빛을 보는 것은 어찌할 수 없는 나의 버릇입니다

당신의 음음한 만리향에 취한 채
성모에게 입술을 허락하는 것은 어찌할 수 없는 남창스러움입니다

발을 땅에 디딘 채 한 마리 새로서 구만리장천을 날아가는 나는
도둑의 어찌할 수 없는 그
모순은 나의 어지러운 희망이고 행복입니다.

당신 품에서
──열애 일기 12

나는 늘 당신 품에서 산다
길거리에 흐르는 사람들 속에서 당신을 만나고
산의 푸나무들과 밤하늘의 별들 속에서 당신의 눈빛을 보고
나뭇잎을 스쳐온 바람에서 당신의 체취를 맡는다
당신의 그윽한 눈빛 속에서 다소곳이 해바라기하고
아침 산책에서 당신의 생명수를 마신다
허기진 듯 이슬 묻은 당신의 숨결을 마신다
당신의 모든 것을 먹고 마시고 당신의 품속에 얼굴을 묻고 당신을 꿈꾸고
당신이 내 속에서 날마다 새롭게 태어나게 하는 것
그것이 나의 의미이다.

바다에 간다
──열애 일기 13

사랑하는 법 배우러 바다에 간다

파도와 모래톱은 억겁을 사랑하고도
그것이 아직 부족하여
거품을 입가에 물고 헐떡거린다

우리 할머니는 할아버지의 마음을 붙잡기 위하여 합환화를 뜨락에 심었다지만
나는 당신을 영원히 즐겁게 하는 비법과 힘을 터득하려고 바다엘 간다.

위대한 공범
──열애 일기 14

당신은 도둑의 행복을 아십니까

내 마당에 지천으로 자생한 민들레꽃잎에 부딪혔다가
날아오른 5월의 황금빛을 모아 보냅니다
 당신의 어두운 해변에 까치놀로 뜨도록
 남모르게 고이 싸서

나는 새벽부터 도둑이 됩니다
산에 가서는 산빛을
물에 가서는 물빛을
당신에게로 싸서 보내는 도둑

당신은 나에게 빛을 준다 해도
내가 그 빛을 위하여 좀도둑이 되는 한
당신은 나의 위대한 공범입니다.

연 꽃
──열애 일기 15

蓮은 왜 그렇게 진흙탕 속에 줄기와 뿌리를 묻었을까
당신은 왜 진흙탕 같은 제 가슴속 깊이에서 잔뿌리들을 거두어가질 않습니까.

밤하늘
──열애 일기 16

밤하늘에는 당신이 걸어간 산굽이길 같은 강이 있습니다
당신의 작은 젖무덤 같은 동산을 휘돌아 흐르는
그것은 가슴아픈 평화
무더운 여름 끈끈한 별들의 혼례를 보면서 저는
한 마리 목탁새가 되어 울부짖습니다
성불 못 하고 죽은 노스님의 원혼이 되었다는 그 새같이
피를 토하며 웁니다.

적모란
──열애 일기 17

그대 간밤 별들을 혼불처럼 휘날려대더니 어제 머금었던 망울들로 하여금 그대의 넋을 토해내게 하였습니다
하려고만 하면 햇빛도 거두어갈 수 있는 그대여
제가 죽은 뒤 제 혼령도 이 모란이 이렇듯 곱게 토해내게 하여주십시오
해마다 이 꽃잎들 시들어 떨어져 없어진 뒤에는 그대의 넋과 내 넋을 함께 머금었다가 토해줄 또 다른 꽃을 찾아 떠나가게 하여주십시오.

옥잠화
── 열애 일기 18

폭염 속에서
배달부처럼 내 뜨락에 가을을 던져주는
그 여자의 흰 엽서
르느와르의 화첩 속에서 나온 육질 좋은
당신의 유방과 엉덩이와 넉넉한 얼굴은
속의 바다 불꽃 사랑 다음의 고요
한 잎 터뜨려 사랑을 뿜고
또 한 잎 터뜨려 허무를 뿜고
주변의 건너고자 하는 이들을
강 건너 저쪽으로 실어나르는 펑퍼짐한 나룻배같이
매춘하는
당신과 나는
새벽부터 이튿날 새벽까지
겨울 첫 비두까지 늘
뜰에 나와서만 개처럼
코와 코 마주대고 꼬리와 꼬리 마주대고
영육을 섞는다.

바 다
──열애 일기 19

여름이거나 가을이거나 겨울이거나 봄이거나
옷을 벗으려고 그 여자를 만나러 간다
그 여자 만나면 싱싱해진다
극락이나 천국이 따로 있나
맨살 맨몸으로 싱싱하게 사는 것이 극락이고 천국이지
한데 그 여자와 헤어지면서 그 옷을 다시 입는다.

금잔디
——열애 일기 20

당신의 부드러운 맨살을
진저리치면서 밟습니다

그 진저리 때문에 당신의 솜털들은 보얗게 발기합니다

저의 당신 사랑하기는 당신을 학대하며 죽이기이고
당신의 저를 사랑하기는 저를 영원으로 끌어올리기입니다

당신의 소라고둥 같은 내부로 들어서면 저는
연기도 없이 어지럽게 타오르고 당신은
용수철 같은 탄력으로 저를 안고
은하 동굴* 속으로 날아오릅니다
굴절하는 태초의 빛이 됩니다.

* 은하 동굴: 블랙 홀.

죽음 같은 슬픔
―― 열애 일기 21

다함 없는 파도를 헤치고 또 헤쳐 바다를 건넙니다
그래도 당신의 입술은 항상 그만큼한 먼 거리에서 달 없는 밤 같은 절망으로 서 있습니다
당신 따라 쉬임없이 구만리장천을 날아갔다가
당신의 젖가슴을 넘지 못하고 힘부쳐 추락하기 그 몇천만 번일까
당신의 바다 한복판에 핀
연꽃 궁전에 제 다이아몬드의 뿌리를 묻기 위해 허우허우 헤엄쳐가서 그 교접을 이루어내지 못하는 그것은 죽음 같은 슬픔입니다
그러나 저는 절망하지 않습니다
당신의 문은 언제든지 열려 있음을 믿으니까요.

배반을 모르는 천녀들은
하늘에 살지 않고
―― 열애 일기 22

사람들보다는 새를 만나고 푸나무들을 만납니다
배반을 모르는 天女*들은
하늘에 살지 않고 숲에 삽니다
저는 당신을 향해 어우러지는 숲이 됩니다
그 새들을 날마다 밤마다 당신 몸 담긴 하늘로 날려
보냅니다
당신에게로 치솟는 탑이 됩니다
구름으로 떠돌다가
그 절간을 두들기는 빗줄기가 되고
안개가 되고 진눈깨비가 됩니다.

* 천녀: 음욕 없는 여신. 색계 이상의 하늘에 사는 여성.

백양숲
—— 열애 일기 23

 당신 손짓을 따라 당신의 길로 들어섭니다
 당신 속살 냄새에 취한 채 눈멀어버리고 싶어서

 늘 옷을 벗고 계시는 당신의 사랑 수렁 속에서 저는
 주름살을 감추기 위하여 단장을 하려 하지 않는 마음을 배웁니다

 겨울에는 당신의 명상법과 죽음 속에서 다시 살아나는 법을 배우고
 봄이면 물오르는 당신의 사랑에 눈뜨는 나신에서 빛을 배웁니다

 우주에 가득찬 그대의 만리향 같은
 향훈에 젖어들면서 저는
 왕거미줄에 걸린 이슬같이 몸을 떱니다.

사랑아 게으름이 울안에 들면
──열애 일기 24

사랑아
게으름이 울안에 들어서면 해바라기를 하거라

바다 고기들을 수면으로 떠올라 춤추게 하는
마력의 해류를 방안으로 불러들이거라

어둠 속에서 참을성을 외치는 파도처럼
내내 음모를 꾸민 자는 싱싱한
어느 날 아침 만선의 오색기 달고
광기 같은 상륙을 할 수 있다

세상이 슬퍼지면
맨살을 그대의 그대에게 내주어라
 그대가 늘 당신 속의 바다에서 해초들을 키우게 하
거라.

죽어감을 앓은 슬픔입니다
──열애 일기 25

죽어감을 앓은 슬픔입니다
꽃도 떨어지면서 울고
새도 마지막 숨을 앞두고는 날개를 퍼덕입니다
우리들은 그 슬픔을 잊으려고 너털거립니다
술을 들이켜면서 담배를 피우면서
병문안을 가서 조문을 가서
자기의 살아 있음을 확인하고
친구의 관 위에 흙을 뿌리고 재빨리
일상으로 돌아와
여자의 엉덩이를 두들기고
젖무덤을 주물럭거리고
사정을 합니다
남자에게 모든 문을 열어주고
덫에 걸린 암노루같이 우짖습니다
죽어감이 아니고 살아감이라고
생각을 하고 허덕이는 것은 참말
기막힌 슬픔입니다.

눈물 한 방울을 마시고 싶어하는 것은
―― 열애 일기 26

　사랑에 허천병든 제가 구름 같은 당신의 눈물 한 방울을 마시고 싶어하는 것은 순리입니다
　마른 땅이 비를 부르듯
　그 땅에서 나온 싹이 꽃이 되어 벌과 나비를 부르듯
　안개가 산야를 핥고 그 안개 속에서 풍란이 속잎을 토하듯
　배가 포구에 들어가 닻을 내리고 달이 지구를 돌고 지구가 태양을 돌 듯
　왕거미줄에 걸린 이슬 방울 하나에 우주가 담기듯
　뜨거운 사랑 나누고 난 다음의 암컷 사마귀가 수컷으로 허기진 배를 채우듯
　당신의 체온을 덥히는 화톳불이 되어 밤새 타다가
　한 개비의 만리향이 되어
　당신의 방을 향기롭게 하기 위해 밤새 타다가 한줌 재가 되고 싶은
　그것은 어찌할 수 없는 슬프고 아름다운 순리입니다.

사랑한다는 것은
—— 열애 일기 27

사랑한다는 것은 서로의 가슴에 다리를 놓는 일입니다
사랑한다는 것은 멱감는 선녀의 날개 감추기이고
아기 둘을 낳은 선녀가 그것들을 안고 업고
하늘나라로 달아나기입니다
사랑한다는 것은
학각시가 자기 깃털을 뽑아 길쌈을 하기이고
그 남편이 그 베를 팔아 모은 살림을 주색잡기로 탕진하기입니다
사랑한다는 것은
서로에게 밧줄 끝을 던져주고 그것을 끌어당기기입니다
사랑한다는 것은
심연 속의 허기진 갈치들이 서로의 꼬리를 잘라먹기입니다
사랑한다는 것은
허무의 바다 건너가기입니다
한쪽은 나룻배가 되고
다른 한쪽은 사공이 되어.

당신을 알고 나서 깨달았습니다
―― 열애 일기 28

　저의 살아가기는
　알 수 있는 저와 알 수 없는 저의 싸움이라는 것을
　당신을 알고 나서 깨달았습니다

　족보 있는 셰퍼드나 진도개를 키워보면 재미있는 사실을 발견하게 된다고 돌하루방 같은 문형*이 그랬습니다
　주인은 암내 낸 그 개들한테 족보 있고 풍채 좋은 수컷을 만나게 해주려고 애를 쓰지만 그 암컷들은 한사코 그 주인의 생각을 배반하고 하필 동네의 못난 똥개 수컷하고 홀레를 붙곤 한다고
　그 까닭을 당신을 알고 나서 깨달았습니다

　저의 산과 들에 피는 꽃
　흔들리는 나뭇잎
　기는 짐승
　나는 새
　웅실거리는 벌레
　하늘을 떠가는 구름
　떴다 지는 해와 달과 별들이 모두 당신의 뜻임을
　당신을 알고 나서 깨달았습니다

저의 가슴에 교차하여 일어나는
찬피와 더운피의 흐름이나 저의
뇌리에 일어나는 번뇌와 어둠과 환희의 물너울들이 모두
당신의 뜻임을
당신을 알고 나서 깨달았습니다

제가 첫새벽부터 일어나
괭이와 삽으로 저의 땅을 일구고 씨뿌리고 김매고 북을 주면서 땀을 흘리는 것 모두가
당신의 연꽃바다 속에 저의
보석을 앞세우고 함몰하는 것임을
당신을 알고 나서 깨달았습니다.

 * 제주도의 시인 문충성.

섬진강의 어떤 은어잡이들은
——열애 일기 29

 섬진강의 어떤 은어잡이들은 가짜 미끼를 써서 은어를 낚는답니다 은어들은 가짜 암컷을 홀리려다가 낚시에 걸리곤 합니다 아 저는 무슨 미끼에 홀려 달려가고 있습니까.

II

그리운 연꽃 등불 하나
—— 戀歌 1

초파일에 그리운 연꽃 등불 하나 너를 위해 달았다
금산사 가는 산굽이 위에서
밤은 별들을 초롱같이 켜달았다
이 여름엔 나도 한 점 혼령이 될거나
눈 부릅뜨고 수묵화 같은 너의 숲을 헤매는
철 이른 반딧불이나 될거나.

젖빛 유리창에 드리워진 숲 그림자
───戀歌 2

젖빛 유리창에 드리워진 유령 같은 숲 그림자를 보면서
당신의 넋을 생각합니다
뜰에서는 장미로 피어나고
하늘에선 구름으로 달려가고
꿈에서는 돈황의 天女로 날아오고
새벽이면 쇠북소리로 울려오는 당신
저는 요즘 당신 눈으로 보고
당신 귀로 듣고
당신 입으로 먹고
당신 살갗으로 추위와 더위를 느낍니다
당신 코로 숨을 쉬고
당신 가슴으로 두려워하고 슬퍼합니다
저는 없고 당신만 있습니다.

심란한 한낮
―― 戀歌 3

  심란한 한낮 당신의 편지가 대문간에 떨어져 있을 거라고 나가보니
  마당의 이끼들 질경이들 민들레들 위에
  당신의 웃음 같은 흰 햇살이 눈부십니다
  대문간 그림자 속에는
  무지개 선반을 타고 앉았던 분홍빛 장미꽃잎들이
  나비의 시체들같이 깔려 있고
  아, 당신 언제 우리 문간엘 다녀갔습니까
  향내를 운감하는 굶주린 귀신같이 킁킁
  당신의 냄새 맡는 이 사랑 어지럼증을 앓고 있는 철없는 불혹이여.

밥을 굶고 출근하는 내 버스 정류장에서
—— 戀歌 4

밥을 굶고 출근하는 내 버스 정류장 앞에서
병든 원숭이같이 엎드려 두 막대기 같은 팔을 뻗은 노파가
복지 사회를 구걸하고
어깨띠 두른 광신 남자가 영혼을 구걸한다
호주머니를 뒤져도 복지 사회는 없다
내 넋은 이미
도라지꽃같이 산에서 사는 너한테 가고 없다
바람결에 구름이 찢긴다 간밤 술이 이제야 깨고 있다.

사랑한다는 것은
―― 戀歌 5

꽃은 그것을 심는 마을에서만 피어난다
사랑한다는 것은 가슴에 꽃을 심는 일
먼지알 같은 질경이꽃에서도 나비와 벌과 안개의 햇살은 날개를 접는다
피울 꽃 못 심은 나는
白首狂夫*처럼
허리에 술병을 차고 강을 건넌다
너 언제 강 건너지 말라고 나를 위해 울어주고
공후인을 뜯어줄 것이냐.

* 백수광부:『古今注』에 나오는 머리털 허연 미친 남자. 현실에 적응 못 하여 뿌리치고 술 취해 떠도는 사람이다. 그 백수광부와 그의 아내에 대한 이야기를 듣고 곽리자고의 아내는 「공무도하가」를 지어 공후인에 맞추어 노래불렀다.

  강 건너가지 말라니까
  임은 기어이 건너가다가
  강물에 빠져 죽었으니
  임이여 나는 앞으로 어찌해야 합니까.

출근길에
──戀歌 6

  출근길에, 아침 이슬에 젖은 들풀에서 하느님을 만나고 부처님을 만난다
  수업중 창밖에서 손짓하는 백양나무 잎사귀들에서 당신을 만나고
  해당화 가시와 꽃잎 사이를 스쳐온 바람에서 당신을 만난다
  하느님과 부처님과 당신과 함께 이불 속에 들고
  함께 식탁에 앉는다
  버스를 타고 함께 떠나고 함께 돌아온다
  함께 조개를 줍고 함께 헤맨다
  나 이승 떠나는 날
  나를 위해 피같이 번져오르는 저녁 노을을 함께 볼 것이다.

간밤의 꿈에
―― 戀歌 7

   간밤의 꿈에서 당신의 화살촉이 제 강물에 뜬 달을 꿰뚫었습니다
   달을 잃은 저는
   들꽃같이 평온하지도 못하고 박새처럼 부지런할 수도 없습니다
   아 철없는 수염난 소년
   산굽이를 헤매면서도 저는 풀 한 포기 보질 못했습니다
   강변을 거닐면서도 모래알 하나 조약돌 하나도 보질 못했습니다.

포구에서
──戀歌 8

괭이갈매기가 물 속에서 고기 한 마리를 잡아올립니다
꽃게가 두 발로 개펄을 먹다가 저한테 위해를 느끼고 구멍으로 들어갑니다
세상에 제 구멍 없는 것들이 어디 있으리오
세상에 제 먹을 먹이 구할 물 없는 것들이 어디 있으며
제 몸 숨길 제 구멍 없는 것들이 어디 있으리오
그러나 저는 물 없고 구멍 없는 갈매기가 되고
물 없고 구멍 없는 꽃게가 되어
포구의 해안통의 갯내음 속을 헤맵니다
남의 씻김굿에서마저 물에 밥 한 숟가락도 못 얻어먹은 잡귀같이
그러다가 문득 제 지친 넋의 머리 처박을 구멍을 당신에게서 발견합니다
먼 산빛 같은 당신
땅거미 속에서 피는 물너울 속의 까치놀* 같은 당신.

* 까치놀: 바다에서 땅거미 내리기 직전에 잠깐 뜨는 치자빛 노을. 어느 좁은 지역에만 뜨는 것이 보통이다.

낙화암에서
―― 戀歌 9

낙화암을 혼자서 다시 오른다
백제 여자의 넋이 되어 백마강 물굽이를
저승새처럼 헤맨다
머리 깎고 향불 피우며 산다는 너의 소식에
내 육신 삼천육백 마디는 모래알들처럼 흩어진다
고란사의 목탁 소리가 된다
끈 끊어진 염주알들이 되어
꽃 되어 떨어져간
그 여자같이 곤두박질을 친다.

곰나루에서
──戀歌 10

곰나루
나룻배에 오른다
녹두장군이 결박된 채 서울 쪽으로 타고 건너갔다는
그 뱃길을 혼자 건넌다
아내가 못다 쓴 시 써주겠다고 나선 남자
죽은 아내를 물너울 속에 팽개치고
살아 있는 한 여자의 파랗게 깎은 머리를 취한다
그 여자의 넋과 함께 한 움큼의 백마강물이 된다
나는 나의 因果에 떨어지지 않으려고*
두 손을 비비는 파리다
아아, 어떻게 하면
이 강물을 밟아 건너는 진흙소처럼
물에 젖지도 않고
물에 불어 허물어지지도 않을 것이냐.

* 『無門關』에 나오는 「百丈野狐」본칙. "인과에 떨어지지 않는다"고 대답하여 여우가 되었으나 "인과에 얽매이지 않는다"는 말을 듣고 축생지옥(여우)으로부터 벗어났다는 화두.

사랑 만다라
―― 戀歌 11

나는 달이다
닻을 내리지 못하고
내부의 소용돌이를 감당 못 하고
어지러이 헤매며 포구 밖을 떠도는 나는
고구려의 백수광부다
안고 돌아야 할 큰 별을 잃고
궤도를 이탈한 작은 별이다
언제 그럴 수 있을까
나는 너를 돌고 너는 나를 휘돌리는 우리들의
만다라는 어느 때 재조립될까.

* 만다라: 우주의 삼라만상이 모두 만다라 아닌 것이 없다. 낱낱 살〔輻〕이 바퀴〔轂〕로 모여 둥근 수레바퀴〔圓輪〕를 이루는 것과 같이 모든 법을 죄다 원만하게 갖추어 결함이 없다는 것.

네 목에 한 알 염주로
──戀歌 12

걸리고 싶다
네 목에 걸리고 싶다
다 버리고 뛰어가 네 목에 한 알 염주로 걸리고 싶다
바람이 되고 싶다
봄 되면 산수유의 꽃가루에 머물고
여름 되면 향 맑은 시냇물 줄기에 머물다
네 옷자락 속으로 기어들고 싶다
겨울이면 한 마리 노루 되어
폭설 때문에 먹이 못 얻어 헤매다가
너 머문 산사의 뜰 앞에서 먹이를 구걸하고 싶다
물방울이 되고 싶다
구름이 되어 떠돌다가 비가 되고 눈이 되어
네 자는 뜨락에 떨어지고 싶다
달이 되고 싶다
너 자는 창가에서 새벽녘을
내내 어정거리고 싶다
밤새워 이야기를 나누고 싶다 아,
생각의 부질없음이여
잡초처럼 칙칙한 나의 어둠이여.

아카시아 속잎을 스쳐온 바람에서
──戀歌 13

아카시아 속잎을 스쳐온 바람에서 당신의 눈빛을 보고
호수 건너온 끝잠자리의 날갯짓에서 당신의 목소리를 듣습니다
구름 그림자에서 당신의 발자국 소리를 듣고
푸른 물안개에서 당신의 속살 냄새를 맡습니다
나는 바람이 되고 잠자리가 되고 구름이 되고 물안개가 됩니다
당신 머리칼에 깃들이는 정령이 됩니다

흰 깃털구름으로
──戀歌 14

　나 당신의 하늘 한복판에서 태풍을 예고하는 흰 깃털구름으로 찢어지고 싶습니다
　열두 줄기 광풍이 되어 당신의 도량 네 귀에 달린 풍경을 흔들고, 자명등을 두들기는 빗발이 되고 싶습니다
　그 광풍 맞은 다음의 먹장구름 사이로 비치는 햇살 한 가닥이 되어 당신의 젖은 젖가슴과 영혼에 볕가름을 하고 싶습니다
　바람이 되어 나뭇잎에 앉았다가 당신의 코밑 인중을 스쳐 폐부 속을 무시로 드나들고 싶습니다.

당신을 생각하며 밤잠을 설친 이튿날*
—— 戀歌 15

   당신을 생각하며 밤잠을 설친 이튿날 교단에 서면 아이들의 눈총이 무섭습니다
   어찌 모래를 쪄서 밥을 짓고
   똥으로 어떻게 향을 만들며
   어찌 새는 그릇이 가득차기를 바랄 것인가요
   당신은 하늘에 떠 있고 저는 눈이 부셔 부끄럽습니다
   자기 마음을 모르고 도를 닦는 것은 무명을 도와줄 뿐이라는데
   제 가르침 따르다 개천에 빠지는 아이들은 누가 건질 것인가요
   "나 오늘 너희들 가르칠 것 교재 연구 안 해왔다. 이 시간 자습 좀 해라."
   이 말을 하고 창가에 선 제 눈에 운동장 바닥에서 날아오는 화살촉 같은 빛살 하나.

   * 帶婬修禪 如蒸砂作飯 帶偸修禪 如漏巵求滿 帶妄修禪 如刻糞 爲香——『선가귀감』.

너는 산에 있고
―― 戀歌 16

너는 산에 있고
나는 마을에 있고
너는 羽調를 노래하고
나는 界面調를 노래부른다
물이 다르고 하늘이 달라도
우리는 늘 한 노래를 부른다
내 뜨락에 풀꽃으로 피는 너와
그 풀꽃 향에 취한 채 사는 나는
전생에 무엇이었을까.

지나가는 구름의 그림자에서
―― 戀歌 17

지나가는 구름의 그림자에서 당신을 보고
집 앞을 지나쳐가는 배달부의 가방에서
당신의 편지 쓰지 못하는 안타까움을 읽고
찔레꽃길을 가면서 당신의 몸내에 취합니다
박새의 소박한 살림살이와 들꽃의 화장을 함께 배우고
묵정밭에 서서
산허리의 바위 틈에서 솟아오르는
안개구름 속으로 함께 날아갑니다
구름 속에 있는 당신 속을
시장 바닥의 내가
하루에도 열두 번씩 드나들고
시장 바닥에 있는 내 속을
구름 속에 있는 당신이
하루에도 열두 번씩 드나듦을 저는
핏빛 노을 지는 것을 보면서 깨닫습니다
노을이 땅거미를 삼키고 어둠이 되었는지
땅거미가 노을을 삼키고 어둠이 되었는지는
오직 당신과 제가 아는 비밀입니다
당신의 억겁은 나의 찰나이고
나의 찰나는 당신의 억겁입니다.

다시 사랑 만다라
—— 戀歌 18

대나무 그림자 마당을 쓸 듯*
달빛이 호수를 관통하듯 저는
그렇게 당신을 자취 없이 사랑할 수만은 없습니다

어둠 헤치고 산에 올라가
새벽빛을 길어오듯 당신의 사랑을 길어오고
골짜기의 바람이 산정의 나뭇잎에 와서 진저리치듯 당신의
젖무덤에 얼굴 처박고 전율하고 싶습니다

지구를 도는 달이 결국엔 태양을 돌 듯 저는
제 일상을 맴돌면서 결국
당신의 주변을 맴돌 수밖엔 없습니다

  * "대나무 그림자가 섬돌을 쓸되 티끌은 일지 않고, 달빛이 못을 뚫되 물에는 흔적이 없다"—— 唐代 祖登禪師 志璿의 말.

우리 함께 먹구름으로 떠돌다가
―― 戀歌 19

우리 함께 먹구름으로 떠돌다가
원시림 위에 한 줄기 소나기로 쏟아지자
강물 위에서 안개로 피어오르자
풍란으로 자라나자
억겁 저쪽의 우담바라*로 피어나자

* 우담바라화: 뽕나무과에 딸린 무화과의 일종. 3천 년에 한 번씩 꽃이 핀다고 함.

당신을 생각하면서
——戀歌 20

   당신을 생각하면서 해안통 막소주집들을 밤 내내 전전하였습니다
   어릿어릿 취한 아침 바다가 뱀처럼 꿈틀거리며 허물을 벗고 있습니다
   태양은 갯물로 얼굴을 씻고
   먼 바다에서 달려온 선박들은
   밤새워 다져 실은 어둠 덩이들을
   치자빛 태양빛과 바꿈질합니다
   제가 밤새워 아프게 다진
   아픔 덩이들과 바꿈질한 빛은 어디 있습니까.

밤마다 기다립니다
―― 戀歌 21

모든 밤과 낮을 철길 옆 여관방에서 보내곤 합니다
기차는 당신 계신 땅으로 빛을 실어나르고
제게로는 어둠만 실어나릅니다
당신은 날개쳐 천상으로 떠오르고
저는 묶이어 지하로 가라앉습니다
스위치를 젖혀 형광등을 밝히지만 그 빛은 빛이 아닙니다
당신의 눈빛과 입술만이 저를 놓여나게 하는 빛일 뿐입니다
저는 밤마다 기다립니다
당신에게서 빛이 실려오기를
그 빛 실려오기 전에 이 여관방 떠나게 될지도 모르는 나그네를 가엾게 여기소서.

III

너 이 새끼 위조 지폐 좀 작작 그려라

늦가을 궂은비 맞으며
출판사에 장편소설 원고 넘기려고 추고하다가 물통을 지고 북한산 중턱의 약수터엘 오릅니다
떨어져 누운 채 젖은 낙엽 밟으면서
좋은 물 마시고 오래 살겠다고
발버둥치는 이 지친 육신
빌어먹을
이놈의 소설 쓰기 슬프고 겁납니다
돼지 똥오줌 냄새 저쪽 눈송이들 같은 개망초꽃*
눈물 같은 이슬 질퍽한 그 꽃숲 언덕 위에
누워 있는 당신의 지청구가 들립니다
너 이 새끼 위조 지폐 좀 작작 그려라.

* 양평에 있는 김현의 땅.

한밤중에 화장실에서

한밤중에 화장실에서 거울을 본다
비쩍 마른 얼굴 퀭한 눈
아프면 욕심 부적을 붙여라
욕심욕심욕심욕심
가진 것 결국 놓고 가고
모든 벼슬이라는 것 닭의 벼슬보다 못하다
나를 묶는 밧줄
나를 막는 문
어디에도 없다
아프면 새처럼 날개를 치고
구름같이 헤매거라
올 곳도 갈 곳도 없음이여
헤매일 허공도 없음이여.

가시복

나는 전생에 한 마리 가시복이었으리라

배고픈 자에게
껌의 단물은 더 고통스럽다

입이 작아서
늘 헛배 불러 있는 아귀

추위도 서로의 살을 비비며 체온을 나눌 수 없어
해류 속을 돌진하는
내부에마저 바늘 같은 가시가 돋아나 늘
장출혈로 빈혈증을 앓는 나는
전생에 한 마리 가시복이었으리라.

개망초 꽃밭

나 장차 죽어지면 거기 묻히겠습니다
유월 칠월 산에 들에 눈 덮인 듯 지천으로 핀 개망초 꽃밭
살과 피는 그 풀꽃의 잎과 줄기 되고
넋은 꽃으로 피어나게.

녹차 한잔 1

 하늘 잡고 뙈기칠 그런 소설이 써지지 않을 때
 우리도 이 집 헐어내고 단열재 잘 넣은 으리으리한 새집 짓고 벽난로도 놓고 그렇게 살아야 하지 않을까 하는 생각이 나를 괴롭힐 때
 녹차를 마신다
 인세가 몇백씩 들어오고
 이만하면 살 만하게 되었다 싶고
 이젠 슬슬 여행이나 다니고
 맛있는 것도 좀 먹고
 좋은 옷도 입고
 좋은 신도 신어보자는 생각이 들 때
 녹차를 마신다
 한 번은 푸는 약으로
 또 한 번은 방만한 나를 감고 죽이는 독배로.

녹차 한잔 2

영원히 살 것 같은 때 마시고
내일 죽을 수도 있음을 깨닫고

절망적일 때 마시고
세상은 제법 살 만한 세상임을 생각하고
영원히 살 수도 있음을 깨닫고.

세상은 가끔씩

세상은 가끔씩 엄살을 부려볼 만합니다

머리가 아프고 어지럽다고 엄살을 부리면 노자나 장자가
제 앞에 등을 돌리고 앉으며
업히라고 합니다
그 어른들은 눈을 감고 걷겠다고 하고
저보고 앞을 잘 보고 말을 해달라고 합니다
    어디만큼 갔냐
    당당 멀었소
    어디만큼 갔냐
    산굽이를 돌았소
    어디만큼 갔냐
    강굽이를 돌았소
    어디만큼 갔냐
    당당 멀었소
어떤 때는 다리가 아프다고 엄살을 부리면
인도의 그 왕자가 저를 업어 사막을 건네주기도 합니다
    어디만큼 왔냐

당당 멀었소
어디만큼 왔냐.

우리들의 사랑 우리들의 모든 것

돌지내비도 한울님이다
거미줄에 붙어 있는 이슬 방울 하나도 부처님이다
점퍼 속에서 떨어져나간 솜털 하나도 부처님이다
여호와 하나님이다
밤새 한 남자를 위해 요분질을 친 창녀의
사타구니에서 떨어진 거웃 하나도
사람이다
마네킹도 한울님이고
오랑캐꽃도 사람이고
시냇물 소리도 하나님이고
강을 건너와 은사시나무 잎사귀를 흔드는 바람 한 줄기도
산신령님이다
아스팔트 위에서 차바퀴에 깔린 쥐의 주검을 파먹는 구더기도
한울님이고
부처님이고
사람이고
하나님이다
우리의 한울님과 부처님과 사람과 하나님을 죽이려

하는 자
 누구인가
 우리의 사랑 우리의 모든 것을
 시들어지게 하는 자
 누구인가.

물보라

파도같이 일어나서
파도같이 달리다가
파도같이 부서져 없어진다
우리들은 누구든지.

김준태

남천이 애비
경상도 토박이인 여자 데려다가
광주에서 두 아들 낳아 키우고 사는 그 사람 준태
순천의 한 여관방에서 나하고 나란히 잠들자
그 사람 밤새도록 으드드득 이를 갈곤 했다
그것은 그의 또 다른 시
어느 억분 못다 풀고 간 혼령이 그의 잠결에
그의 몸 속으로 들어가서
으드드득 시를 읊곤 하는 것일까
여순반란사건 때 짚뭇같이
죽어넘어진 사람들의
피로 얼룩졌던
들녘과 산언덕에 희부옇게 흐드러진
억새풀꽃을 바라보는 나의 머릿속에
간밤 준태 그 사람이
으드드득 읊어대던 시가 떠오르는 것은 또 어떤 연유일까.

한 아버지를 위하여*

  딸한테서 늘 허무주의자라고 면박을 당하곤 하는 아버지가 갇혀 있는 딸의 면회를 간다
  팬티 10개 브래지어 2개 생리대 10개를 사면서 참삶이 무엇인가를 알았다
  그것을 싸주는 점원의 눈총에 아버지는 붉은 꽃이슬과 패망군 계백의 군졸과 전봉준의 농투성이들을 쓰려 한 제 어미를 생각한다
  교도소의 흰 절벽 같은 담을 등질 때 서쪽 하늘에서 허무 같은 황혼이 어깨 늘어뜨린 아비를 보고 있었다.

  *「아제아제 바라아제」의 玄鐘

IV

갯바위 틈에 사는 실거미의 눈

　파리나 모기들이 없는 갯바위 틈에 줄을 치고 사는 실거미의 눈에는
　사람들이 밤낚시에 열을 올리는 일쯤이야
　한 표 달라고 목청을 높여 소리치는 것쯤이야
　그 갯바위 뒤쪽 산밭에
　호텔을 짓는다 못 짓는다 하고 우기는 일쯤이야
　참으로 좆도 아니다
　그의 헐거운 거미줄에 하루살이 한 마리만 걸려주면 그것이 장땡일 뿐.

저녁 고기잡이배

희망을 낚으러 갔다가
빈 구럭을 짊어지고 돌아온
지친 아버지의 하얗게 갈라진 입술.

목 련

　열여덟 처녀의 가는 베 속치맛자락이 벙긋 출렁거리자
　산을 넘어 우리집 마당으로 모자 벗어 말아쥐고 뛰어든 파도
　갯벌길 건너는 갯지렁이잡이 여자들의 더럽혀진
　다리 속에도 피는 흐른다
　겨울 한철 벌거벗은 채 언 땅에
　아랫몸 묻고 살다가
　눈빛 상여꽃 같은 한숨부터 토해내는 너는
　전생에 동지 섣달 냇물 끼얹으며 수절한 스무 살에 서리 맞은 여자였더냐.

이 여름에는

이 여름에는 갈대밭 속에서도 연꽃이 피어나게 하자
우리들의 시장 바닥에서도 진주들이 자라게 하자

어머니들의 아픈 가슴 상처입은 자리에서는 진주가 자란다
너와 나
삼천대천 드넓은 바다에서
한 송이 연꽃과 한 알의 진주로 만나는 우리들의 밤은
무엇을 위하여 열려 있느냐

이 여름에는 갈대밭에서도 연꽃이 피어나게 하자
우리들의 시장 바닥에서도 진주들이 자라게 하자.

길 1

사람에게는 사람의 길이 있고
개에게는 개의 길이 있고
구름에게는 구름의 길이 있다
사람 같은 개도 있고
개 같은 사람도 있다
사람 같은 구름도 있고
구름 같은 사람도 있다
사람이 구름의 길을 가기도 하고
구름이 사람의 길을 가기도 한다
사람이 개의 길을 가기도 하고
개가 사람의 길을 가기도 한다
나는 구름인가 사람인가 개인가
무엇으로서 무엇의 길을 가고 있는가.

길 2

길은 외길
모두가 바다의 연꽃에 이른다
구름도 나도 개도.

그러나 세상은

밤에 일어나 오줌을 누고 나오면서
거울 속에 비친 나의 퀭한 눈 속에서
저승의 빛을 보고

밥을 먹다가 내 상한 이빨에서
주검 냄새를 맡으면
세상이 별것 아님을 안다

뜰에 나가 찬란한 태양빛 속에 날으는 나비와
모란잎과 향나무 잎사귀를 흔들며 내 머리카락으로
달려온 바람을 보면서
세상은 그러나 제법 별것임을 안다.

들꽃에는

들꽃에는 바느질 흔적이 없다
석 달쯤 수염을 깎지 않았다
박새들은 양식을 쌓아놓고 먹지 않는다
화장하지 않는 들꽃과
가난한 박새들과 만나면
비로소 진주의 뜻을 알 수 있다
커피 끊고
여자도 끊고
밥과 시만 끊지 않았다
사랑빛을 감추는 무화과나무가 되기 위하여.

꽃

그냥 쏟아지는 빛은 빛이 아니다
그냥 피는 꽃도 꽃이 아니다

유리창 이편의 어둠과
저편의 빛 사이에서 신화는
등가마 속의 도자기처럼 구워진다

이글거리는 쇳물이 되었을 때 소리도 함께 녹고
검은 형체의 속 텅 빈 그릇이 되었을 때
거기에 소리가 담기듯 꽃은

태어난 열 손가락의 지문을 갉아먹고
절망 속에서 혼자
그것을 찾아 몸부림치는 사람들의 우주 속에서
흡혈귀같이 피를 빨면서 자란다.

몸을 던져 아우성치고 출렁이고 싶은

몸을 던져 함께 아우성치고 출렁이고 싶은
그러다가 풀밭 같은
당신의 파도 속에 잠긴 채 죽어 한줌 거품 같은
어둠이 되고 싶은 열망이다
밤마다 예하리의 연꽃 뿌리로 계백의 아내로 움터나는 바다
허무로부터 눈 부릅뜨고 하늘 향하는 어머니의 옹이진 속살이여
다시 죽이기 위하여 魂피리 불며
아침 풀꽃처럼 길을 뜨는 당신은 海溢이다.

별 총총한 밤이면 숲은

바람 한 점 없는 별 총총한 밤이면
숲은 낮의 들떴던 일상을 명상합니다
저는 숲과 마주선 채
한 달 넘게
산에서 주워다가 키운 이끼가 거멓게 죽어간 것을 생각합니다
아들의 농구화만한 잡석에 붙어 있던
푸르던 이끼
우리들의 사랑 꽃피우기는 그만큼 어려운 것인지도 모릅니다
산에서 주워온 그 이끼 키우기만큼.

사 람

사람은 그림자도 보이질 않는다
사람의 땀내를 맡을 수가 없다
시장에는 굶주린 파리떼들이
골목길에는 개들만 으르렁거리고
원숭이와 고양이들만

한길에는 늑대가 승용차 운전대를 잡고 있고
성난 황소떼들이 화물 자동차를 몰고
병원에서는 호랑이와 사자가 집도를 하고
보험회사 직원들은 여우의 꼬리를 감추고 있다

텔레비전 브라운관에 나타난 의젓한 사람들도
바짓가랑이 사이에 모두들
꼬리 하나씩을 감추고들 있다

어디에도 그 어디에도
사람은 없다
아, 언제 어디에 가서 이렇게 소리칠 수가 있을까
사람 없더니 거기 하나 있었구나.*

* "사람 없을까 했더니 거기 하나 있었구나(將謂無人 賴有一個)."
『선가귀감』에 있는 말. 타인들을 위해 분투하느라고 자기 안일
에는 뜻이 없는 '자기에게로의 회귀'를 이룬 사람을 이름.

V

피리 구멍

 속이 빈 대나무는 태어날 때부터 허무를 체득한 나무다 전생에 죽음의 구덩이를 헤맨 넋이 된 나무다 열 살 때부터 나는 당숙한테서 배운 대로 피리를 만들곤 했다 마디가 길고 늘씬한 대를 톱으로 잘라 다듬고 송곳 끝에 불을 달아 푸지직 구멍들을 뚫고 서슬 퍼런 손칼 끝으로 그 구멍을 매끄럽게 도려 키우는 것이다 잘못된 구멍의 크기와 구멍에서 구멍 사이의 간격 때문에 소리는 오차가 생기고 나는 몇 번 불다가 버리고 다른 대를 잘라 그것을 또 만들곤 했다 얼마나 잔인한 일인가 죽음과 허무의 동굴 같은 내 젊은 영육에는 무수한 구멍이 뚫리곤 했다 내가 자학을 하듯 단근질하듯이 광기로 내 불 내가 일으켜 내 송곳 끝에 불을 달아 뚫었다 중간 청 떨림 구멍은 저승에 간 그 여자가 뚫었고 맨 꼭대기의 부는 구멍은 당신이 뚫었다 그 구멍 하나씩 뚫릴 때마다 얼마나 많은 피가 흘렀는 줄 아느냐 밤마다 나는 그 상처 첫 구멍에 입바람을 넣으며 몸부림을 친다 당신을 향해 소리쳐 운다 필닐니리 필닐니리.

산정에 올라 도회를 본다

어린 시절에 죽은 내 누이의 머리에
꿀두덕겨* 있던 부스럼 딱지들
피고름 진물 흐르다 마르고 흐르다 마르고
부스럼 딱지는 두꺼워지고 고드름처럼 뾰쪽해지면서 눌눌해지고
어머니는 그 부스럼 주변의 머리칼들을 가위로 아무렇게나 잘라주었다
쥐뜯어먹은 듯한 머리칼들과 만연된 부스럼 딱지들로 가득찬 누이의 그 머리통에 대한 기억 속으로
나를 몰아넣는 저 도회 속에서 기생하는 나는 어떤 벌레일까.

* 꿀두덕지다: 바다의 石花 덩이같이 되다.

지빠귀

호랑지빠귀가 운다
귀신 울음 소리라고 어린 시절 어른들이 그랬다

갈라놓으면 섞이는 바람

"외삼촌, 오늘이 어머니 제삿날이오."

산그늘 내리는 들녘
친정으로 불러 개가시키던 홀엄씨 된 누님의 가는 허리

"금선이도 왔소."
가느다란 이질놈의 목소리에
가슴에 경련이 인다

의붓 형제가 모여앉아 향 사르고 촛불 밝히고 초혼을 하다가 내 생각이 났다는 마흔 살의 이질놈
 왼쪽 걸음 걷다가 죽은 지아비 무덤에 절하고 남의 앞자리로 개가하여 머리 쥐어뜯기고 살다가 간 누님의 넋이 지금 저렇게
 호랑지빠귀 되어 울면서 헤매고 있다.

치과의사 박성만에게

    중환자실에 있던 당신의 큰아들이 일반 병실로 옮기어간 날 밤에 어머니는 치통을 호소하셨다
    어머니 아아 해보셔요
    아이고 이들이 모두 썩었네요
    잇몸들까지 벌겋게 부으셨구만요
    어떤 놈부터 뽑아드려야 할까
    거멓게 구덩이가 팬 零蔘이 같은 놈
    푸르뎅뎅하게 변한 腫匹이 같은 놈
    그 중 튼튼해 보이기는 하지만 위쪽 잇몸을 물어뜯어 부어오르게 한 袋重이 같은 놈
    치주염 때문에 들솟아 근들거리는 苔偶 같은 놈
    쏵 뽑아드리자니 우리 어머니 합죽이가 될 터이고, 이를 어떻게 할까
    내 사랑하는 제자 성만아
    왕진 가방 들고 와서 우리 어머니 썩은 이들 좀 어떻게 해드려야
    뽑을 것은 과감하게 뽑고 살릴 것은 살리고……

풀잎 나뭇잎의 수와 고기와 별들의 수

산과 들에 있는 풀잎과 나뭇잎의 수가 더 많으냐
바다와 강 속의 고기들의 수가 더 많으냐
어린 시절 한쪽 눈에 명씨 박인 당숙이 물었다
풀잎 나뭇잎
나의 대답에 당숙은 고개를 저었다
고기들의 수가 훨씬 많단다
고기 한 마리의 뱃속에 들어 있는 알이 수수억만 개란다
당숙은 다시 물었다
그럼 고기들의 수하고 밤하늘의 별들의 수하고는 어느 쪽이 많은 줄 아느냐
고기들
당숙은 또 고개를 저었다
별들이 훨씬 많단다
이 세상에서 좋은 일 하고 죽은 것들은 다 별들이 된단다
사람들도 고기들도 짐승들도.

한 마리나 아흔아홉 마리나 그것이 그것

 우리 할아버지가 밤낚시질을 하는데 여느 날 밤과 달리 고기들이 입질을 잘해주었다 숨가쁘게 꼭 그만큼한 크기의 고기들을 아흔아홉 마리째 잡아올리고 하도 허리와 옆구리가 아파 몸을 틀었다 뱃전 밑에서 도깨비라는 놈이 히히히 하고 웃으며 말했다 "신나게 한바탕 잡아올렸지?" 할아버지는 깜짝 놀라 구럭 안을 보았다 텅 비어 있을 뿐이었다

 도깨비라는 놈은 할아버지가 한 마리를 낚아올려 구럭에 담아놓으면 그것을 슬쩍 훔쳐다가 다시 낚시에 꿰어주고, 할아버지가 그것을 잡아당겨 구럭에 담아놓으면 또다시 훔쳐다가 낚시에 꿰어주기를 아흔여덟 번이나 한 것이다

 너 이놈, 하고 할아버지는 소리를 질렀다 도깨비라는 놈 물을 밟고 도망가면서 말했다 "잠시나마 행복했겠지? 그렇지만 너무 화내지는 마라. 한 마리나 아흔아홉 마리나 그것이 그것이니라."

그래 이 새끼야 취해라

혼령같이 우리들 주변을 헤매던
박정만이가 간 지 며칠 뒤였을까
자기의 「달아나는 말」같이
진도 박수 같은 놈 하나가 왔다 쓴 소주 냄새 풍기면서
담뱃갑을 꺼내들고
형님은 담배 안 태우시오?
그렇다고 했더니
술도 끊었소?
커피도 끊었다는 내 대꾸에
진도 박수 같은 그 사람
그리고 또 무엇을 끊었소?
여자도 끊었다고 했더니
그럼 무엇만 안 끊었소?
소설 쓰는 일만 안 끊었다고 하자
아이고 형님 기호 식품은 다 끊고
이젠 중 다됐구만요
진도 박수 같은 그 사람은 파안대소를 했고
나는 소처럼 소리없이 웃으며 녹차를 내놓았다
아따, 취하고 싶은 사람한테 술을 내놓아야지
차는 깨어나게 하잖아요

그래 취해라 이 새끼야
나는 그에게 양주병을 들이밀었다.

VI

진달래

나 악하게 살자 했다

해방된 이듬해 쑥밥을 먹다가 배앓이가 나서
죽어가던 누이의
희멀건 눈같이 창백한 하늘 아래

배낭을 지고 구보를 하며
주먹밥을 한입 집어넣다 말고 동작이 늦다고
삽자루로 얻어맞은 엉덩이

나 악하게 살자 했다.

싹

부르는 소리 따라나간 내 발걸음은
여덟 달 난 내 아들의 잇몸 뚫는 하얀 이 끝에
먼 세월을 씹혀본다

꽃을 만지다 벌의 침에 쏘인
손가락 끝이 따끔거릴 때
나는 비로소 당신에 대한 사랑을 알았다

여학교 기숙사 안의 티없는 웃음들이
한아름씩 구름을 몰아다 사상으로 키울 무렵
 거기 나는 가장 위대한 또 하나의 지구를 만들어갈
것이다.

달팽이의 노래

우리 무허가 블록담 앞에
불도저가 기어들어왔을 때
아내의 종이심장은 펄럭거렸다

고향이 시체로 변했기 때문에
캐나다로 이민을 떠난다는 그 오라버니의
노래는 이제 불도저의 배기 가스로 뿜어나온다

변소는 헐렸고
내 아기는 뿌드득 이를 갈고 바지에 오줌을 쌌다

하얀 이 끝에 영원을 놓고 씹어대던 아기여
 오줌은 비록 우리의 영토에 평화를 싹틔울 씨앗 그것은 아닐지라도
 우리의 담벽에 종 모양의 오랑캐꽃을 자라게 할 거름은 된다.

헐거운 내 옷이 나를 안고

헐거운 내 옷이 나를 안고
계절이 활개치는 거리에 나선다

세상을 등진 그 친구가 주고 간 장갑에서는
술 냄새가 나고
창녀의 자궁 냄새가 나고
거리에는 미어지도록 어둠이 들썩댄다

친구야 어깨가 아프면
짐을 추켜올려야지 옷을 벗어 팽개치는 것은 현명한
일이 못 된다

나의 헐거운 옷자락
이것은 누구의 걸음걸이일까
오리처럼 기우뚱거리는 몸짓이며
막대기처럼 꺼덕거리는 몰골이며
궁둥이의 꿈틀거림은

그래도 좋다
헐거운 내 옷이 나를 안고 넘실거리는 계절과 함께

거리에 나선다
  친구야 나는 그래도 좋다
  이 병신아 나는 그래도 좋다.

순이의 새끼발가락에 까치눈 뜨면

순이의 새끼발가락에 까치눈 뜨면
서녘 하늘 산령
아기별 눈앓이 하고
바다는 지는 놀이 서글퍼진다

겨드랑이에 날개가 돋치기를 바라는 나와
맨발로 황소를 끄는 순이와
하품하는 바다 아래 조으는 하늘을 마시는 황소와
향 맑은 우리 시내로 흐르는 구름

아버지의 엄한 계율을 하얀 모시로
뙤약볕에 바래러 모래펄로나 갈거나.

꽃망울

그것은 고고의 소리
가슴에서 가슴으로 벽을 뚫고
묵비의 사과알을 으스러뜨리는 내 아들의 주먹

하늘엔 새 별무늬 하나가 그어지고
휴지쪽엔 굉장한 역사가 구김지겠지

내 어머니와 아버지께서는 나를 잉태할 때
무슨 태몽을 꾸었을까
어떤 기도를 했을까

바다의 부르짖음이 드높아지면서
폐품이 된 영토에 던져진 나는
돌산에 굴을 파는 달팽이

한데 그것은 어쩌자고
나의 살벌한 하늘 아래서 저렇게
소리치고 있는 것일까.

개나리

똬자 창문이 열리고
고개를 내민 애숭이 창녀

언니는 창병으로 코와 눈이 문드러져 죽었다
연등회 날 밤에

병신
죽기는 왜 죽어
창문이 닫히고 불이 꺼진다.

〈해 설〉

삶과 에로스, 또 죽음
―― 한승원의 시는 무엇인가

김 주 연

1 한승원이 시를 썼다. 그의 시를 읽으면서 나는 내 그럴 줄 알았다는 생각에 내내 지배당했다. 때문에 나는 그의 시집 출간에 선뜻 동의했고, 시집 뒤에 붙는 해설의 일거리까지 맡고 나섰다. 왜 나는 그의 시를 읽는 순간 그럴 줄 알았다는 생각이 들었을까. 그것은 아마도, 다작이라고 해도 좋을 그의 소설들을 관류하고 있는 정신에서 시정신이라고 불러도 좋을 어떤 것을 내가 읽고 있었다는 말이 될 것이다. 그렇다, 한승원의 문학은 어떤 의미에서 근본적으로 시문학이라고 할 수 있다. 바다를 중심으로 해서 떠도는 저 귀기(鬼氣) 어린 공간은 서사 문학이 흔히 보여주는 행동과 논리의 세계라기보다, 한 맺힌 영혼들의 울음과 노래라고 하는 편이 더 어울리기 때문이다. 그런 의미에서 『열애 일기』는 한승원 문학의 본질을 스스로 벗겨 보여주는 시집이다. 따라서 이

시집에 수록된 작품들 가운데에서도, 그 울음과 노래의 본질이 잘 울려나오고 있는 연작시 「열애 일기」들과 역시 마찬가지의 연작시 「연가」가 주목의 대상이 된다. 그 밖의 시들은 엄밀하게 말해서 사족이다.

> 우리 다음 생에는 시계가 되자
> 너는 발 빠른 분침으로
> 나는 발 느린 시침으로
> 한 시간마다 뜨겁게 만나자
> 순간을 사랑하는 숨결로 영원을 직조해내는
> 우리 다음 생에는 시계가 되자
> 먼지알 같은 들꽃들의 사랑을 모르고 어찌
> 하늘과 땅의 뜻을 그 영원에 수놓을 수 있으랴

'열애 일기 1'로 되어 있는 작품 「시계」는 이렇게 시작하는데, 여기에 벌써 한승원 시의 사상적 바탕이 그 편린을 내보인다. 그것은 첫행, "우리 다음 생에는 시계가 되자"는 말에서부터 감지된다. 시인은 다음 생을 믿는가? 다음에도 다시 생이 주어진다면 그 생은 어떤 생인가? 그 생은 시계가 될지도 모를 생이다. 이러한 생각은, 예수 재림 이후 몸이 다시 사는 것을 선언한 기독교의 부활이 아닌 것은 확실하다. 그 생은 인간의 육신이 그대로 다시 살아나는 생이 아니라, 생명 그 자체의 에네르기가 소진되지 않고 보존되는, 그리하여 어떤 다른 모습으로 변화되어 나타나는, 이른바 윤회 사상에 기본을 둔 생이다. 이러한 사상은 불교 내지 샤머니즘의 그것이다. 그렇다면 왜? 왜 시계가 되기를 원하느냐고 시인에게 물어보면 어떨까? "한 시간마다 뜨겁게 만나"기 위해서라는 것이 이때 시인의 설명이다. 우리는 이때 '뜨겁게'라는 표현에 주의할 필요가 있다. 한국시에 아주 자주 나오는 이 형용사——어디 시뿐인가. 사실 우리들은 얼마나 이 뜨거운 말, '뜨겁게'를 좋아하는가. '뜨겁다'는 말은 너무 자주 애용되어 이제는 거의 덴 지경이다——는 무심하게 넘길 수도 있겠으나, 이 표현에 자세히 머물 경우 문제는 그리 간단치 않다는 것을 발견하게 된다.

뜨겁다는 상황은 불의 이미지와 연결되며, 뜨거운 만남은 에로스적 만남을 연상시킨다. 불과 에로스는, 가령 서양 문화의 문맥 안에서 살펴질 때, 그리스 문화, 곧 헬레니즘 문화의 본질을 형성하고 있는 것으로 밝혀진다. 그리스 문화의 정신적 연원이 그리스 신화에 있음은 잘 알려져 있는 사실 아닌가. 그리스 신화에 있어서 불은, 물론 프로메테우스의 불이다. 진흙으로 사람을 만든 다음, 하늘에서 불을 훔쳐 이것을 사람에게 주었으므로, 제우스 신의 노여움을 사게 되고, 그 벌로 쇠사슬로 바위에 묶여 독수리에게 간을 쪼아 먹히게 되었다는 이야기. 이때 그 불은 또한 에로스와 관계된다. 성적인 사랑을 의미하는 에로스는 마찰에 의해 발생하며, 마찰은 불을 만들어낸다. 에로스란 이러한 의미에서 불의 사랑이다. 결국 "한 시간마다 뜨겁게 만나자"는 시인의 말은 에로스적 사랑, 즉 불의 사랑에 대한 요구이며, 서양 문화 안에서 본다면, 그것은 그리스 신화적 발상과

관계된다.

 그러나 '뜨겁다'는 표현은 우리의 전통 문화 속에서도 뜻밖에도 중심적인 이미지를 이루고 있다. 그것은 샤머니즘의 현장 곳곳에서 발견된다. 샤먼을 신으로 생각하는 샤머니즘에서 중요한 것은 접신의 순간인데, 이때 그 순간은 '뜨겁게' 열려진다. 그 순간은 흔히 '불이 내린다'는 말로도 표현되는데, 요컨대 인간이 신화되는 과정은 두 세계의 뜨거운 만남을 통해서 이루어진다는 이야기가 된다. 샤머니즘을 전통적인 정서로 하는 우리 문화에 있어서, 그러므로 뜨거움은 바로 전통적인 정서다. 비단 샤머니즘뿐 아니라 우리나라의 불교나 기독교에 있어서까지 이 정서가 갖추어야 할 미덕처럼 여겨지고 있는 심리는 이 같은 문맥에서 살펴질 수 있다. 무엇을 하든, 무엇을 믿든 뜨겁게 한다든지, 뜨겁게 믿는다는 것이 그 일을 하는 사람의 진지성과 열의, 그리고 성취도를 반영하는 것으로 생각되고 있지 않은가. 한승원 문학 세계의 본령은 바로 이러한 전통 정서의 원류에 도전하고 있다는 점에서 찾아지며, 그것은 그가 추구하는 주제의 가치에 대한 지지와는 무관한 자리에서 일단 그의 문학 사상적 깊이를 확보해준다. 소설 『불의 딸』과 같은 작품은 그 대표적인 예라고 할 수 있다.

 「시계」에 나타나고 있는 사랑은 그러므로 지극히 인간적인 사랑, 즉 에로스의 세계에 대한 탐닉과 찬양이다. "순간을 사랑하는 숨결로 영원을 직조"해낸다는 사고야말로 이러한 사랑의 극치를 표현한다. 인간의 사랑은 육체적 사랑이며, 그것은 물질의 세계 이쪽에 있다. 예컨대 유일신을 신봉하는 기독교에 있어서 사랑의 최고 경지를 신의 사랑에 두고 있는 것과 그것은 현저하게 대비된다. 유일신의 사랑은 물질의 세계를 넘어서는 창조적·일방적·전폭적인 사랑이며, 그런 의미에서 전애(全愛)이다. 기독교의 신은 인간을 무조건적으로 사랑한다. 이른바 에로스 아닌 아가페의 사랑이 그것이다.

이에 비해 에로스의 사랑은 지극히 현실적이며, 감각적이고, 공리적이다. 그것은 일방 아닌 쌍방의 관계에서 이루어진다. 한승원이 이 시에서 "먼지알 같은 들꽃들의 사랑을 모르고 어찌/하늘과 땅의 뜻을 그 영원에 수놓을 수 있으랴"했을 때, 바로 그 들꽃들의 사랑이 이 같은 사랑을 전형적으로 대변하고 있는 것이다. 말하자면 영원으로 이야기되는 사랑, 만약 그 같은 사랑이 있을 수 있다면 그것은 신의 사랑일 터인데, 그러한 사랑 역시 물질적·현실적 사랑이 함께하지 않는 상황에서 가능하겠느냐는 물음이다. 그런 의미에서 한승원은 초월성이나 형이상학을 거부한다.

> 창공을 움켜쥔 적이 있다
> 창공도 별것이 아니다
> 내 손아귀 속에서 펄럭펄럭 가슴 두근거리고 있었다
> 처마 구멍에 그물을 받치고 잡아낸 참새 한 마리

바로 이것. '열애 일기 2'에 해당하는 작품 「새」에서 보여지는 초월성과 형이상학에 대한 명백한 거부가 그것이다. 창공으로 상징된 하늘, 혹은 초월성의 세계는 여기서 "참새 한 마리"로 인식된다. 참새는 창공을 감각화·물질화한 세계로서 모든 인간들에게 보다 구상적으로 받아들여진다. 그러나 한승원은 초월성과 형이상학을 단순하게 거부하는 구상주의자·현실주의자만은 아니다. 같은 시는 뒤에 이렇게 전개된다.

> 나는 지금 내 손아귀 속에서 가슴 두근거리던
> 그 참새같이 어느 누군가의 거대한 손아귀에
> 잡혀 있다 그는 나를 놓아주지 않는다
> 서울에서 부산으로
> 부산에서 제주로
> 제주에서 광주로
> 광주에서 서울로
> 날고 또 날아보아도 나는
> 내내 붙잡혀 있는 참새 한 마리일 뿐.

참새 한 마리를 잡았던 '나'는, 이번에는 그 스스로가 붙잡힌 참새가 된다. 이러한 시적 인식은 두 가지 측면을 드러낸다. 그 하나는, 인간 자신이 물질로 인식된다는 점이다. 자연의 큰 틀 안에서 인간도 물질인 것이 사실이며, 그런 의미에서 그것은 사실의 세계를 말해준다. 인간은 인식의 주체일 뿐 아니라 인식의 대상이기도 한 것이다. 인식의 이러한 상대성은 인식의 주체인 인간에게 올바른 세계 인식을 가능케 하고, 인간 자신을 겸손하게 만들어준다. 다른 한 가지는 인식의 이 같은 기반

위에서 인간의 초월적 가능성이 모색된다는 점이다. 앞서 나는 한승원이 초월성과 형이상학을 거부하고 있다고 말했는데, 여기서 이러한 지적은 약간의 수정을 받아들이지 않을 수 없게 된다. 즉 기독교적인 의미의 신성이 지니는 초월성과는 다른, 또 다른 의미의 초월 가능성이 기대되는 것이다. 그렇지 않은가. 인간은 그가 한계내 존재임을 깨달을 때부터 그 한계를 넘어서고자 하는 욕망을 갖게 되며 그 욕망의 구체적 형태로 종교가 태동한다. 기독교와 샤머니즘을 포함한 온갖 형태의 무수한 종교들은 모두 이러한 초월 가능성의 모색들이라고 할 수 있다.

> 나 죽으면 그 바다의 파도가 되겠다
> 물보라로 산화되었다가
> 멀고 먼 바다 저편에서 불끈 일어나
> 이편 모래톱을 핥고 빠는 마녀의 혀 같은 파도
> 유마힐같이 누워 있는 당신 앞에서
> 나는 파도같이 늘 치맛말을 푼다.

「나 죽으면——열애 일기 3」은, 이어서 초월 가능성의 구체적인 형상을 두드려본다. 초월성이 구현되는 가장 구체적인 시간과 공간은 죽음 다음의 세계로 나타나기 십상인데, 여기서 한승원은 그것을 "바다의 파도"로 소망한다. 물론 언제나 파도로만 나타나는 것은 아니다. 예컨대,

나 장차 죽어지면 거기 묻히겠습니다
　　유월 칠월 산에 들에 눈 덮인 듯 지천으로 핀 개망초 꽃밭
　　살과 피는 그 풀꽃의 잎과 줄기 되고
　　넋은 꽃으로 피어나게.

와 같은 시(「개망초 꽃밭」)에서는 꽃으로 나타나기도 하니까. 바다와 꽃. 바다는 한승원 문학의 주요한 무대이며, 꽃은 모든 샤먼들의 중심 표상이다. 바다는, 한승원 소설에 대한 김화영의 예리한 지적에서도 보여지듯이, 한승원의 무의식이 숨쉬는 거대한 상징이다. 물론 꽃은 샤먼들의 환생의 꿈인데, 바다와 꽃은 모두 뜨거운 에로스의 지향점들이라는 점에서 다시 한번 주목된다. 그렇다면 에로스의 세계도 초월의 세계라고 할 수 있을 것인가.

2

　　당신은 나를 훔치고 나는
　　당신을 훔친다

　　나는 당신의 바랑 안에 담겨 떠돌고
　　당신은 내 가슴 안에서 잠들곤 한다

　　당신은 내가 뿜은 숨결을 숨쉬고
　　나는 당신의 체취 속에서 꿈꾼다

　　당신은 나를 실 끝에 달아 휘돌리고

나는 어지럽게 당신 주변을 맴도는

우리는 훔치는 당신과 훔침을 당하는 나와 하늘과 땅만 아는 위대한 큰 도둑.　――「도둑 사랑――열애 일기 10」

폭염 속에서
배달부처럼 내 뜨락에 가을을 던져주는
그 여자의 흰 엽서
르느와르의 화첩 속에서 나온 육질 좋은
당신의 유방과 엉덩이와 넉넉한 얼굴은
속의 바다 불꽃 사랑 다음의 고요
한 잎 터뜨려 사랑을 뿜고
또 한 잎 터뜨려 허무를 뿜고
[⋯⋯⋯]
뜰에 나와서만 개처럼
코와 코 마주대고 꼬리와 꼬리 마주대고
영육을 섞는다.　　――「옥잠화――열애 일기 18」

여름이거나 가을이거나 겨울이거나 봄이거나
옷을 벗으려고 그 여자를 만나러 간다
그 여자 만나면 싱싱해진다
극락이나 천국이 따로 있나
맨살 맨몸으로 싱싱하게 사는 것이 극락이고 천국이지
한데 그 여자와 헤어지면서 그 옷을 다시 입는다.
　　　　　　　　　　　　――「바다――열애 일기 19」

당신의 부드러운 맨살을

진저리치면서 밟습니다

그 진저리 때문에 당신의 솜털들은 보얗게 발기합니다

저의 당신 사랑하기는 당신을 학대하며 죽이기이고
당신의 저를 사랑하기는 저를 영원으로 끌어올리기입니다
       ——「금잔디——열애 일기 20」

당신 따라 쉬임없이 구만리장천을 날아갔다가
당신의 젖가슴을 넘지 못하고 힘부쳐 추락하기 그 몇천만 번일까
당신의 바다 한복판에 핀
연꽃 궁전에 제 다이아몬드의 뿌리를 묻기 위해 허우허우 헤엄쳐가서 그 교접을 이루어내지 못하는 그것은 죽음 같은 슬픔입니다 ——「죽음 같은 슬픔——열애 일기 21」

당신 손짓을 따라 당신의 길로 들어섭니다
당신 속살 냄새에 취한 채 눈멀어버리고 싶어서

늘 옷을 벗고 계시는 당신의 사랑 수렁 속에서 저는
주름살을 감추기 위하여 단장을 하려 하지 않는 마음을 배웁니다   ——「백양숲——열애 일기 23」

죽어감을 앓은 슬픔입니다
꽃도 떨어지면서 울고
새도 마지막 숨을 앞두고는 날개를 퍼덕입니다

우리들은 그 슬픔을 잊으려고 너털거립니다
술을 들이켜면서 담배를 피우면서
병문안을 가서 조문을 가서
자기의 살아 있음을 확인하고
친구의 관 위에 흙을 뿌리고 재빨리
일상으로 돌아와
여자의 엉덩이를 두들기고
젖무덤을 주물럭거리고
사정을 합니다
　　　──「죽어감을 앓은 슬픔입니다──열애 일기 25」

왕거미줄에 걸린 이슬 방울 하나에 우주가 담기듯
　뜨거운 사랑 나누고 난 다음의 암컷 사마귀가 수컷으로 허기진 배를 채우듯
　당신의 체온을 덥히는 화톳불이 되어 밤새 타다가
──「눈물 한 방울을 마시고 싶어하는 것은──열애 일기 26」

사랑한다는 것은
서로에게 밧줄 끝을 던져주고 그것을 끌어당기기입니다
사랑한다는 것은
심연 속의 허기진 갈치들이 서로의 꼬리를 잘라먹기입니다
사랑한다는 것은
허무의 바다 건너가기입니다
한쪽은 나룻배가 되고
다른 한쪽은 사공이 되어.
　　　　──「사랑한다는 것은──열애 일기 27」

에로스의 세계가 진하게 묘사되고 있는 작품들이다. 앞의 인용은 작품의 전부, 혹은 일부인데, 한국시에서 드물게 보는 집중적인 이 성애 묘사는, 그렇다면 과연 성애 묘사에만 머무르는 것일까. 아니다. 앞에 인용된 시들은, 그 묘사의 대상을 각기 달리 갖고 있다. '백양숲'도 있고, '금잔디'도 있으며, '옥잠화'도 있다. 그러나 그것들은 마치 사람처럼 생명을 갖고 있는 유기체로 살아 움직이면서 몸을 부딪치며 사랑한다. 그 사랑은 엉덩이를 두들기고, 젖무덤을 주물럭거리는 육체적인 마찰의, 물질적인 형태를 갖는다. 그런 의미에서 이 에로스적 사랑은, 다시 말하거니와 물리적인 동작이며, 성적인 행위이다. 그런 한에 있어서 결코 그것은 초월일 수가 없다. 그러나 '열애 일기 27'에서 사랑에 대해 정의를 시도하면서, "사랑한다는 것은/심연 속의 허기진 갈치들이 서로의 꼬리를 잘라먹기"라고 했을 때, 그것이 다만 기쁨이며 쾌락일 수만은 없다는 사실이 암시된다. 그것은 본질적으로 결핍을 안고 있는 존재들의 자기 상승적 몸부림이지만, 결코 그 상승이 충족되는 것은 아니다. 그리하여 마침내 "사랑한다는 것은/허무의 바다 건너가기"로까지 나아간다. 릴케였던가. 사랑하는 두 사람이 서로 포옹하고자 팔을 내밀었을 때, 그것은 이 대기 속에 허무의 공기를 더할 뿐이라고 했던 시인. 이것이 에로스적 사랑의 한계이다. 그리하여 에로스는 자연스럽게 죽음과 연결된다. 에로스는 두 생명체의 뜨거운 만남을 통해 새로운 생명을 잉태시키고 죽어가는 것이다.

출생과 죽음은 생명의 자연스러운 순환이며, 에로스는 그 가장 절정의 순간을 장식한다. 죽음에 이르는 에로스——아마도 에로스적 사랑의 진면목은 여기서 완성된다고 할 수 있으며, 이런 의미에서 에로스와 죽음은 이웃한다. 한승원이 "친구의 관 위에 흙을 뿌리고 재빨리/일상으로 돌아와/여자의 엉덩이를 두드"린다고 했을 때, 이 두 요소의 이웃함이 실감 있게 전달되는 것도 이 까닭이다. 결국 사랑한다는 것은 "허무의 바다 건너가기"일 수밖에 없다.

그렇다면 결국 에로스의 세계는 철저하게 세속적인 세계이며, 초월을 거부한 세계로 머무를 것인가. 이 물음에 대한 대답은 허무 그 다음에서 찾아진다. 초월의 세계로의 상승이냐, 세속으로의 머무름이냐 하는 기로는 그 둘 모두 허무를 인식하고 난 다음에 생겨나는 것이기 때문이다. 삶은 허무하다——그렇기 때문에 그런 줄 알고 말 것이냐, 아니면 삶은 허무하다——그렇기 때문에 죽음을 극복할 것이냐 하는 기로. 가령 기독교적 신은 이때 죽음의 극복을 통한 영생을 약속한다. 그러나 그 밖의 신비주의적 체계에서는——희랍 신화의 문화이든, 샤머니즘이든——죽음 이후의 세계가 다양하게 변주된다. 윤회 사상이나 애니미즘의 세계는 그 대표적인 변주의 몇 가지 양태이다. 그것들은 영생을 약속하지 않으면서도 생명의 완전한 종식을 선언하지도 않는다. 한승원의 에로스는 바로 이 부근을 배회하고 있다. 그는 뜨거운 에로스적 만남의 순간 속에서 영원을 발견하는데, 그 순간을 초월적 순간이라고도 볼 수 있지만, 지속

된 형태가 보장되지는 않는다는 점에서 올바른 의미의 초월성이라고 할 수는 없다. 그러나 한승원은 에로스적 사랑과 결부된 순간순간 초월을 꿈꾸고 있다. 그것이 불가능하리라는 고백과 함께. 이것이 한승원의 모순이며 문제 제기이다. 우리는 한승원의 시를 이런 각도에서 분석하고 비판할 수 있다. 그러나 우리는 또한 안다. 우리 자신이 그 모순에서 한치도 벗어나지 못하는 존재라는 것을. 이러한 시적 인식을 통하여 한국시의 정신적 깊이가 모색되는 기쁨을 한승원의 시는 바로 보여주고 있다.